www.ingramcontent.com/pod-product-compliance
Lightning Source LLC
Chambersburg PA
CBHW080551220526
45466CB00010B/3106
* 9 7 8 1 6 9 5 4 9 1 1 3 7 *